Inhalt

Trends zur Variabilisierung von IT-Kosten zur sach- und verursachungsgerechten Kostenschlüsselung

Kernthesen

Beitrag

Fallbeispiele

Weiterführende Literatur

Impressum

Trends zur Variabilisierung von IT-Kosten zur sach- und verursachungsgerechten Kostenschlüsselung

M. Westphal

Kernthesen

- Der IT-Eigenbetrieb ist mit einem Fixkostenanteil von 80 Prozent verbunden und lässt somit wenig Spielraum für geschäftsnotwendige IT-Investitionen
- Neben komplettem Outsourcing von IT-Leistungen bieten immer mehr IT-Dienstleister Service "On Demand" an, der verbrauchsorientiert abgerechnet wird

- Das Controlling wird durch solche Verträge in die Lage versetzt, Kosten transparent, sach- und verursachungsgerecht aufzuschlüsseln

Beitrag

Der hohe Fixkostenanteil bei IT-Kosten lassen dem Controlling wenig Spielraum für geschäftsnotwendige Investitionen

Unternehmen haben besonders in konjunkturschwachen Zeiten kaum Spielraum für geschäftsnotwendige Investitionen in IT-Innovationen, da der IT-Eigenbetrieb mit einem Fixkostenanteil von 80 Prozent und mehr verbunden ist. Darüber hinaus haben aufgrund der Globalisierung des Geschäftes viele Unternehmen mit einer wachsenden Komplexität zu kämpfen.

Unternehmer werden gerade aus dem IT-Bereich jedes Jahr mit Innovationen konfrontiert, die die Abläufe im Unternehmen beschleunigen, Effizienz steigern oder Kosten senken sollen. Die Antwort vieler Firmenchefs darauf ist, dass das einfach viel zu kompliziert und zu teuer ist. Aber inzwischen gibt es sinnvolle Alternativen wie z. B. die Miete von IT-Services von einem Dienstleister. So wird das Eigenkapital des Unternehmen geschont und er kann auf die Expertise des Dienstleisters zurückgreifen. Inzwischen kann man nahezu jede Computer-Anwendung oder auch jede Hardware-Leistung (inklusive der Installation und Wartung) im Outsourcing beziehen. (1)

Gerade aus kaufmännischer Sicht bieten sich Maßnahmen an, auf externe IT-Services zurückzugreifen, die eine Variabilisierung und insgesamte Reduzierung der IT-Kosten erzielen. Verschärft wird dieser Druck auf das Controlling auch durch Tendenzen hin zu
- Zunehmender Internationalisierung des Marktes via Internet
- Zeitkritischeren, online-fähigen Geschäftsprozessen
- Immer kurzfristigeren Lebenszyklen von Produkten und Dienstleistungen
- Und immer kleineren und zersplitterten Zielgruppen sowie
- Sich stetig verändernden Geschäftszielen und dadurch schnelleren Strategiewechseln.

Der Ausweg: On-Demand-Computing variabilisiert die IT-Kosten

So glauben nicht nur die Analysten von Gartner, dass sich neben reinem Outsourcing insbesondere ein Computing on Demand durchsetzen wird. Es ist aufgrund seiner verbrauchsorienterten Abrechnung ein Trendsetter, da die Unternehmen nur noch zahlen, was sie verbrauchen/benötigen.

Das On-Demand-Computing ermöglicht Unternehmen, flexibel auf Märkte, Kunden und deren sich ständig ändernde Anforderungen sowie auch Volumina zu reagieren. Der Wandel ist die einzige Konstante in der heutigen Geschäftswelt.
Allerdings ist es zum erfolgreichen Überleben und zur Behauptung der Wettbewerbsfähigkeit nicht nur wichtig, sich rasch umorganisieren zu können und die Ressourcen im Hinblick auf die Nachfrage exakt bündeln zu können, sondern auch die Kosten müssen kontrolliert werden können. (2)

Somit ist Computing on Demand im Hinblick auf einen wirtschaftlichen Abruf von IT-Services in jeder Situation eine Grundvoraussetzung für kostenbewusstes und dynamisches Handeln.

(3)

So sollte ein Online-Versandhändler sich nicht auf lange Sicht an einen hohen Fixkostenanteil binden müssen, nur um genügend Kapazitäten für saisonale Spitzenzeiten vorzuhalten.
Produktivitätssteigerungen von Unternehmen sind durch bessere Auslastung der IT-Systeme möglich. Ebenso führt die mögliche Anpassung an veränderte Anforderungen durch den evolutionären Pfad des On-Demand-Computing dazu, dass sich die IT wieder an den geschäftlichen Notwendigkeiten eines Unternehmens orientieren kann. (2)

Sofern sich der Dienstleister eng , d. h. mental, methodisch und servicetechnisch am Kundengeschäft orientiert, kann der Kunde auf Dauer von Computing on Demand und korrespondierenden angemessenen Service-Level-Agreements profitieren. (3)

On-Demand-Konzepte werden häufig noch gleichgesetzt mit ASP- oder Outsourcing-Modellen. Dabei bieten sie ein weitaus höheres Maß an Flexibilität, da die Alternative nicht darin besteht, IT entweder zu kaufen oder auszulagern, sondern jederzeit Entscheidungsfreiheit zu besetzen, ob und wieviel IT-Leistungen oder Infrastrukturelemente zu beziehen sind.

Für das Controlling bedeutet dies, dass bisher fixe Kosten für häufig unproduktive IT-Infrastrukturkomponenten und Leistungen in flexible Positionen für Elemente, die genau dem entsprechen, was ein Unternehmen für sein Geschäftsmodell benötigt, gewandelt werden. (2)

Wesentliche Voraussetzungen für den Schritt in das On-Demand-Computing sind eine offene, integrierte, virtualisierte und automatisierte Computerumgebung.
Insbesondere die Virtualisierung von Rechnerleistungen kann zu höherer Auslastung und damit Kosteneinsparungen führen. Ungenutztes Infrastrukturpotenzial ist enorm, so ist die Auslastung der Rechner in Intel-Umgebungen häufig nicht höher als 15 Prozent. Abhilfe können hier Speicher- und Prozessor-Pools bieten, die im Rahmen von Grid-Technologie unabhängig von ihrem Standort leicht und effizient verwaltet und eingesetzt werden können. (2)

"On Demand" gibt es neben Rechenleistung aber auch ganze Applikationen, Speicher oder aber Software-Programm-Lizenzen.

Was ist vom Controller bei der

Einführung eines On-Demand-Konzeptes zu beachten?

Die aktuell schwierige Marktsituation bekommen besonders die Mittelständler zu spüren. Die Controller der Unternehmen dringen deshalb häufig auf ein Auslagern oder auch "outsourcen" verschiedener Prozesse. Die allgemeine Problematik bei reinem Outsourcing liegt darin begründet, dass der Auswahlprozess outsourcingfähiger Prozesse im Unternehmen langwierig sein kann. Außerdem müssen die Kosten der internen wie auch der externen Lösung vergleichbar gemacht werden, um bestimmen zu können, ob eine Auslagerung die Kosten verringert und insbesondere, ob sie das Hauptziel der Variabilisierung der Kostenstruktur erreicht.Einige IT-Outsourcer haben diesen Trend aufgenommen und ihre Gebührenmodelle flexibilisiert. So werden verbrauchsorientierte Gebühren angeboten, die sich an **Bezugsgrößen** wie z. B.:- Anzahl der Arbeitsplätze,- Anzahl der Anrufe beim externen Helpdesk
- Absolvierte Transaktionen
- Zahl der archivierten Dokumente
- Gedruckte Seiten
- Server-Prozessorleistung
- Speicherkapazität
orientieren. (4)

Aber auch Workgroup-Collaborationen und Knowledge-Management-Anwendungen können flexibel nach Bedarf abgerufen und abgerechnet werden.
Diese Angebote werden daher auch mit Begriffen wie
- Service On Demand
- On-Demand-Computing
- Managed Business Flexibility
- Adaptive-Enterprise-Strategy
- Utility Demand Computing
beworben.
Wichtig ist es, dass die beauftragenden Unternehmen sicherstellen, dass eine durchgehende Variabilisierung der Gebühren sichergestellt ist. So ist z. B. die Forderung nach einer Mindestabnahmemenge und damit einem fixen Gebührenblock nicht im Sinne der Controller des Kundenunternehmens.
Neben verbrauchsorientierten Gebühren sollten auch ergebnisorientierte Bestandteile in den Gebührensatz einfließen. In einem solchen Falle würde der volle Betrag nur dann fällig, wenn das gemeinsam festgelegte Kostenlimit nicht überschritten wird.
Diese ergebnisorientierten Gebühren sind für den Kunden auch eine Art Leistungs- und Qualitätsversicherung im Rahmen eines garantierten Total Cost of Ownership-Modells. (4)
Ebenso können die Gebühren sich am Geschäftsergebnis wie Umsatz oder Gewinn

orientieren. Wird entweder das Geschäftsergebnis nicht erreicht, oder werden vereinbarte Kostenobergrenzen überschritten, zahlt das Kundenunternehmen entsprechend weniger an Servicegebühren. So wird auch das finanzielle Auslagerungsrisiko minimiert.
Allerdings besteht auf Anbieterseite auch teilweise noch recht verhaltene Resonanz auf derartige Abrechnungsformen, da eine solche partnerschaftliche Risikoteilung natürlich auch Einnahmerisiken mit sich bringt.

Auch Speicher und Software-Lizenzen gibt es On-Demand

Auch im Bereich des Speicherbedarfs von Unternehmen wird aufgrund des wachsenden Speicherwachstums verbunden mit dem Kostendruck auf die IT-Abteilungen ein Storage on Demand nachgefragt werden. Storage-Management-Systeme werden es ermöglichen, dass bisher noch isolierte Funktionen ineinander greifen und in ihrer Gesamtheit zusammenspielen, sodass Speicher und Speicherdienste für interne wie externe Kunden bald automatisch abrufbar sind wie Strom aus der Steckdose oder Wasser aus dem Wasserhahn.
Heute weisen viele Rechenzentren den Business-kritischen Applikationen ein Übermaß an Kapazität

zu und binden dadurch nutzlos Speicherressourcen und Kapital, nur aus der Angst, nicht rechtzeitig auf Speicherengpässe reagieren zu können. Andererseits kann ein zuwenig an Speicherzuweisung einen Server schnell an einen kritischen Wert kommen lassen und somit die Applikation stoppen, sofern nicht rechtzeitig mehr Kapazität hinzugefügt wird. Auch derartige Ausfallzeiten haben finanzielle Konsequenzen. (5)

Das althergebrachte Prinzip der Software- und auch Hardware-Industrie mit langen und starren Vertragslaufzeiten und Inhalten muss sich ändern, sofern die Anwender nicht für ungenutzte Ressourcen bezahlen sollen. So sollte sich aus kaufmännischer Sicht Software auch zeitabhängig lizensieren lassen, um somit die Software-Kosten am realen Verbrauch des Unternehmens orientieren zu lassen. Ebenso sollten nur die Funktionen bezahlt werden, die auch wirklich genutzt werden und nicht ein komplettes Paket. Bei diesen würden sich die Kosten nach Anzahl und Umfang der ausgewählten Funktionen, und der durchschnittlichen Anzahl der Benutzer ermitteln. Damit werden auch Risiken im Hinblick auf Fehlinvestitionen deutlich gemindert. Außerdem wird das Controlling durch solche Verträge in die Lage versetzt, Kosten transparent, sach- und verursachungsgerecht aufzuschlüsseln.

Fallbeispiele

Der Bautechnikhersteller Mea Meisinger hat seine gesamten SAP-Anwendungen an den Dienstleister AC Service in Stuttgart ausgelagert. Mea ist per Standleitung mit dem AC-Rechenzentrum in Aichach rund um die Uhr verbunden und hat um etwa 20 Prozent geringere IT-Betriebskosten zu verzeichnen. (1)

Eine deutliche Verkürzung der Bearbeitungszeiten erreichte der Wallstreet-Riese Morgan Stanley durch eine Migration seiner rechenintensiven analytischen Anwendungen auf ein Grid aus Intel-Servern. Die Versicherung NLI Research Institute der Nippon Lebensversicherungsgruppe nutzt ein Grid für eine Simulation im Risiko-Management. Hierbei wurde die Rechenzeit dank des Grid-Rechnerverbundes von zehn Stunden auf 49 Minuten gesenkt. (1)

Philips Halbleiter hat sich für eine Zusammenarbeit mit Hewlett Packard (HP) im Bereich Utility Data Center (UDC) entschieden. HP erwartet, hiermit die IT-Kosten von Philips Halbleiter um 45 Prozent senken zu können.

Philips Halbleiter agiert in einer extrem sprunghaften Industrie. Um wettbewerbsfähig zu bleiben, muss auch die IT den Marktanforderungen Schritt halten. Diese soll zum einen durch standardisierte Prozesse, Praktiken und Anwendungen geschafft werden, zum anderen kann durch UDC den rasch wechselnden Marktanforderungen ideal entsprochen werden. Das UDC stellt hierbei einen grundlegenden Wandel innerhalb der IT dar. Die derzeitige Struktur der IT in Unternehmen ist
- Ineffizient (Systeme sind für Spitzenlasten ausgelegt, wobei in normalen Zeiten Ressourcen verschwendet werden)
- Inflexibel (die Anpassung von IT-Infrastrukturen an veränderte Marktbedingungen ist teuer, aufwändig und dauert lange)
- Realitätsfern (IT ist nicht als Dienstleistung für geschäftliche Notwendigkeiten organisiert)

Gelöst werden diese Probleme anhand der Virtualisierung und damit der Abtrennung der Geschäftsanwendungen von den IT-Ressourcen (Speicher, Prozessorleistung, Bandbreite, etc.) mit dem Ergebnis, das nun über geeignete Management-Werkzeuge Ressourcen nach Bedarf zugeordnet werden können.
Als technische Voraussetzung müssen Rechenzentren à la UDC alle Umgebungen so miteinander vernetzten, dass man sie in sämtlichen beliebigen

Konstellationen kombinieren kann. Daneben muss es eine Management-Software geben, die alle Komponenten genügend gut kennt, um sie optimal einsetzen zu können und somit eine Virtualisierung ermöglicht, die dem Anwender nur einen Speicher oder einen Server vorgaukelt. (6)

Weiterführende Literatur

(1) Mieten statt kaufen Megatrend Outsourcing: Wie Unternehmer jetzt teure Investitionen in Computer, Programme und Dienstleistungen vermeiden können.
aus Impulse vom 01.03.2004, Seite 86

(2) On-Demand-Computing/On-Demand-Computing nutzt bewährte Technik besser aus IT-Evolution: Wer sich anpasst, überlebt
aus Computerwoche, 13.02.2004, Nr. 7, S. 44-45

(3) On-Demand-Computing/Computing on Demand verlangt eine Entscheidung auf lange Sicht IT-Auslagerung soll nicht nur Kosten senken
aus Computerwoche, 13.02.2004, Nr. 7, S. 42

(4) Bergweiler, Uwe, Preismodelle passen auch für den Mittelstand, Computer-Zeitung, Heft 6, 2004, S. 18
aus Computerwoche, 13.02.2004, Nr. 7, S. 42

(5) On-Demand-Computing/Die Storage Management Initiative (SMI) der SNIA kämpft um

Kompatibilität Speicher aus der Steckdose
aus Computerwoche, 13.02.2004, Nr. 7, S. 40-41

(6) On-Demand-Computing/HPs Utility Data Center für die Philips Semiconductor Division Am Anfang steht die Virtualisierung
aus Computerwoche, 13.02.2004, Nr. 7, S. 36-37

Impressum

Trends zur Variabilisierung von IT-Kosten zur sach- und verursachungsgerechten Kostenschlüsselung

Bibliografische Information der deutschen Nationalbibliothek

Die Deutsche Nationalbibliothek verzeichnet diese Publikation in der deutschen Nationalbibliografie; detaillierte bibliografische Daten sind im Internet über http://dnb.d-nb.de abrufbar.

ISBN: 978-3-7379-0008-9

© 2015 GBI-Genios Deutsche Wirtschaftsdatenbank GmbH, Freischützstraße 96, 81927 München, www.genios.de

Alle Rechte vorbehalten. Dieses Werk ist einschließlich aller seiner Teile – z.B. Texte, Tabellen und Grafiken - urheberrechtlich geschützt. Jede Verwertung außerhalb der Grenzen des Urheberrechtsgesetzes bedarf der vorherigen Zustimmung des Verlags. Dies gilt insbesondere auch für auszugsweise Nachdrucke, fotomechanische Vervielfältigungen (Fotokopie/Mikroskopie), Übersetzungen, Auswertungen durch Datenbanken oder ähnliche Einrichtungen und die Einspeicherung und Verarbeitung in elektronischen Systemen.